SOCIÉTÉ GÉNÉRALE

DES

OUVRIERS EN PAPIERS PEINTS.

ADMINISTRATION

Rue du Faubourg-Saint-Antoine, 151.

Liberté. — Egalité. — Fraternité.

PARIS,

IMPRIMERIE DE GUILLOIS,

Rue du Faubourg-St-Antoine, 123.

1848.

Nº

Nom,

Prénoms,

Profession,

Rue

Rue

Rue

Rue

Entré à la Société le

Le Président,   *Signature du Sociétaire;*

ACTE D'ASSOCIATION

Des Ouvriers en Papiers peints.

Paris.

Aujourd'hui dix-neuf Mars 1848, à dix heures du matin, les Ouvriers en Papiers Peints, réunis en Assemblée générale, sous la présidence du Citoyen Thomas (Jean), assisté des Citoyens Huguet (Edme), et Aubrun (Nicolas), tous trois Délégués de la Commission des Travailleurs siégeant au Luxembourg, après avoir entendu lecture de l'acte suivant, ont adopté les articles qui suivent, sans réserves, ni restrictions.

PRÉLIMINAIRES.

DROITS DES TRAVAILLEURS.

Considérant que le Principe d'Association est un droit naturel, devenu sacré depuis la fondation de notre glorieuse République.

Que la Nation a reconnu sans restriction ce principe immortel avec celui de la *propriété* ; que pour le *Travailleur*, sa propriété *unique* est son *salaire* et son *temps* ;

Qu'ils doivent avoir, ainsi que les Fabricants, des garanties suffisantes pour assurer leur existence ; principe équitable, basé sur l'humanité, proclamé par les Révolutions de **1789, 1830** et **1848** ; et qu'ils ne veulent qu'une sécurité pour l'Avenir ;

Qu'il est temps de mettre fin, même dans l'intérêt du Fabricant, à une concurrence désastreuse, qui ne profite à personne et qui retombe en majeure partie sur le salaire du Travailleur ;

Reconnaissant ces vérités, et dans l'intérêt de tous, ils fondent la Société suivante :

§ Ier.

DE LA SOCIÉTÉ.

ARTICLE PREMIER.

La Société prendra le titre de : *Société Générale des Ouvriers en Papiers peints de la République Française.*

ART. 2.

Elle est purement industrielle.

ART. 3.

Toute discussion politique est interdite dans ses Assemblées.

§ II.

BUT DE L'ASSOCIATION.

ART. 4.

Le but de l'Association est :

1° *La défense du Travail.*

On entend par défense du travail, la fixation des salaires et le maintien des tarifs adoptés par la Commission.

2° *Améliorations de la Classe des Travailleurs.*

On entend par améliorations de la Classe des Travailleurs, les secours de tous genres et la fondation d'Ecoles élémentaires et de dessin.

3° *La Fraternité dans toute son étendue.*

4° *L'Organisation du Travail.*

On comprend, par cette quatrième règle, l'ouvrier participant aux bénéfices du fabricant ou s'exploitant par lui-même.

Pour cette dernière question, on marchera d'accord avec la Commission des Travailleurs, siégeant au Luxembourg, sous la présidence du Citoyen Louis BLANC.

§ III.

COMPOSITION DE LA SOCIÉTÉ.

Art. 5.

Tout ouvrier en Papiers Peints, *Imprimeur*, *Fonceur*, *Satineur*, *Roulleteur*, *Lisseur*, est de droit Membre de la Société.

Art. 6.

La Société prend sous sa protection les Tireurs.

Art. 7.

Les Tireurs ne peuvent être Membres de la Société, ni avoir voix délibérative aux Assemblées.

§ IV.

DES ASSEMBLÉES.

Art. 8.

La Société sera convoquée de droit tous les premiers Dimanches de chaque mois, dans un local et à une heure fixée par le Président.

Art. 9.

Toute décision, excepté celles prévues par ledit acte, sera adoptée à la simple majorité.

Art. 10.

Le principe électif est la base de la Société; toute décision prise sans la consulter, est nulle de droit.

Art. 11.

Toutes les fois qu'un évènement imprévu ou extraordinaire motivera une Assemblée Générale, elle ne pourra être convoquée que par le Président, assisté au moins de quatre Membres du Conseil.

Art. 12.

Toute Réunion convoquée sans ces formalités , est déclarée nulle de plein droit, les délibérations annulées, et les auteurs de la convocation , expulsés pour une année ; ceux qui y auraient assisté, seront condamnés à une amende de cinq francs.

Art. 13.

Toutes les Assemblées Générales ou du Conseil, seront présidées par le Président, ou en son absence , par le plus ancien Membre du Conseil.

Art. 14.

A l'Assemblée mensuelle, le Président fera donner lecture :

1º Du dernier Procès-Verbal de l'Assemblée Générale et de ceux du Conseil.

2º De l'Exercice des Recettes et Dépenses.

3º De la Correspondance de la Société.

4º Il proposera le Budget qui aura été préparé par le Conseil de Surveillance.

5o La cotisation du mois.

La fixation des paiements appartient au Conseil d'Administration.

Art. 15.

Tout Sociétaire a le droit de contrôler publiquement les Actes de l'Administration.

Art. 16.

Si un Orateur dépassait les bornes de la bienséance, le Président, après avoir consulté le Bureau, aurait le droit de lui retirer la parole.

Art. 17.

Tout Orateur, rappelé à *l'Ordre du Jour*, ne peut être entendu dans la même Séance.

Art. 18.

Si un Sociétaire s'oubliait au point de troubler l'ordre ou de causer du scandale, le Président, d'accord avec le Bureau, aurait le droit de l'expulser de la Séance.

Art. 19.

La police des Assemblées appartient spécialement au Président, qui est assisté du Bureau.

Art. 20.

Nul ne peut avoir le droit de se faire représenter aux Assemblées.

§ V.

DE L'ADMINISTRATION.

Art. 21.

L'Administration se compose :

1º Des trois Délégués vers la Commission des Travailleurs.

Si ces fonctions venaient à cesser, ils seraient remplacés par trois Sociétaires.

2º De neuf Membres élus en Assemblée Générale, par assis et levé, ou au scrutin secret.

Cette deuxième catégorie se renouvellera par neuvième et à l'ancienneté. Comme la première fois, ils sont tous égaux, on procédera par la voie du sort.

ART. 22.

Ces douze Délégués formeront une Assemblée qui prendra le titre de *Conseil de Surveillance* ; il administrera la Société.

ART. 23.

Ils procéderont par élection au vote secret, à la nomination d'un Président, qui ne pourra être pris parmi les Délégués vers le Gouvernement.

ART. 24.

Au Président appartient le pouvoir exécutif, sous sa responsabilité personnelle.

ART. 25.

Le Président peut être déposé par l'Assemblée , sans que le Conseil soit dissous.

ART. 26.

Si la voie du sort ou l'ancienneté faisait sortir le Président, le Conseil s'assemblerait immédiatement pour procéder à l'élection de son successeur.

ART. 27.

Toute Assemblée, sans une présidence de *fait*, est nulle de droit.

ART. 28.

Le Président portera, pour marque distinctive, une écharpe tricolore, et le Conseil, un brassard au bras gauche.

Art. 29.

Le Conseil siégera dans un local loué au nom de la Société.

Art. 30.

Sous peine de nullité des délibérations, on ne peut admettre un étranger aux Conseils ou aux assemblées, à moins que sa présence ne soit jugée indispensable. Cette proposition sera faite par le Président et adoptée à la majorité.

Art. 31.

Deux Membres du Conseil d'Administration, à tour de rôle, se rendront tous les soirs au Bureau, pour signer les pièces et recevoir les réclamations.

Art. 32.

Le Conseil s'assemblera de droit tous les dimanches, à une heure fixée par le Président.

Art. 33.

Le Conseil peut être convoqué extraordinairement par le Président.

Art. 34.

Le Président et les Membres du Conseil, auront le droit de donner leur démission; s'il n'y en a que deux, ils ne seraient remplacés qu'à la prochaine Assemblée Générale.

Si plus de deux Membres donnaient leur démission, le Président devrait convoquer une Assemblée Générale pour le premier Dimanche, le Conseil devant toujours avoir au moins dix Membres pour être compétent.

Art. 35.

Le Président ne peut donner sa démission que par écrit et au plus ancien Membre du Conseil; ce dernier devra convoquer immédiatement le Conseil pour pourvoir à son remplacement, sous peine de nullité de toute délibération.

ART. 36.

Les Membres du Conseil, excepté le Président, sont inamovibles pendant la durée de leurs fonctions.

§ VI.

COMPTABILITÉ ET CAISSE.

ART. 37.

La Comptabilité est tenue par le Secrétaire, sous la surveillance unique du Président.

ART. 38.

Toutes les délibérations et comptes doivent être signés par les Membres présents au Conseil, sous peine de nullité.

ART. 39.

Le Secrétaire de l'Administration tiendra les livres suivants :
1o De Caisse ;
2o Des Dépenses ;
3o Des Recettes ;
4o Des Ouvriers sans ouvrage, par rang d'ancienneté, malades ou aux Hôpitaux ;
5o Des Délibérations, Séances et Décisions de l'Assemblée Générale et du Conseil.

ART. 40.

Les mandats, billets, valeurs, doivent être pris au nom de la Société ; tout dépôt fait sous un autre titre, est une spoliation.

Pour retirer des fonds, il faudra un Mandat signé :

1o De 100 à 400 fr., du Président et de quatre Membres.

2o De 500 à 1000 fr., du Président et de huit Membres.

Passé cette somme, il devra être signé de tout le Conseil.

ART. 41.

L'argent, les bons et les valeurs, seront déposés dans une Caisse ayant trois serrures et trois clefs différentes, confiés :

1o Au Président ;

2o Au plus ancien des Délégués vers le Gouvernement ;

3o Au plus ancien Membre du Conseil de Surveillance.

Ces trois Membres sont responsables de la Caisse.

ART. 42.

La Caisse doit être vérifiée tous les Dimanches par le Conseil de Surveillance. Indépendamment de cette vérification, tout Membre du Conseil a le droit de demander son ouverture, et, en cas de déficit, agir en son nom ou celui de la Société, et poursuivre de droit les auteurs de la soustraction, sans qu'il ait besoin de la sanction du Conseil ou de l'Assemblée Générale.

§ VII.

RECOUVREMENTS.

Emploi des Fonds.

ART. 43.

Les fonds sont destinés :

1o Aux Ouvriers malades, en ville ou aux hôpitaux ;

2o Aux Veuves et aux Orphelins ;

3o A des Œuvres de charité, et frais de funérailles ;

4o Aux Ouvriers sans ouvrage.

Le Conseil de Surveillance fixe la quotité de secours à accorder aux Associés ; il prendra pour base la situation, les charges qui pèsent sur le travailleur.

Il doit exister dans ces répartitions, un esprit d'ordre, de sagesse et d'humanité; on doit éviter surtout la camaraderie, les influences, les coteries ; ne voir que des Frères malheureux.

Si le Conseil s'oubliait au point de subir des influences pernicieuses, tout Sociétaire a le droit de porter plainte à l'Assemblée Générale, et les Sociétaires, à la majorité des deux tiers, déclarer l'allocation nulle et rendre pécuniairement responsable les coupables.

Art. 44.

Le budget du mois, signé du Conseil, sera présenté par le Président qui exposera en même temps la situation financière de la Société.

Art. 45.

A l'Assemblée mensuelle, le Conseil proposera, par l'organe du Président, la cotisation.

L'Assemblée aura le droit de rejeter la proposition, quant à la quotité; mais elle ne pourra se dissoudre sans avoir voté une somme quelconque.

Art. 46.

Le Budget, ainsi que la Cotisation, ne peut être voté que pour un mois.

Art. 47.

Toutes les fois qu'une allocation dépassera mille francs, elle devra être votée à la majorité des deux tiers.

Art. 48.

Tout ouvrier qui n'est point fondateur, devra payer un droit d'entrée, qui sera fixé par le Conseil.

Art. 49.

Personne n'est exempt du droit de Cotisation,

Art. 50.

Les Cotisations seront perçues par les Commissaires de Fabrique, qui devront faire parvenir les fonds, dans les **vingt-quatre heures**, à l'Administration, avec un état comprenant :
1° Les N^{os} matricules ;
2° Les noms ;
3° **La somme** ;
Et en observation, les motifs de ceux qui n'auraient pas versé.
Il devra **exiger un reçu du Secrétaire.**

Art. 51.

Les Cotisations seront portés sur le livret du Sociétaire par les Commissaires de Fabrique ou le Secrétaire.

Art. 52.

Le Conseil juge souverainement la question des rentrées, les modes de paiements.

Art. 53.

Tout Ouvrier en retard par sa propre faute, ou qui aurait refusé de verser sa cotisation, sera cité à comparaître devant le Conseil, pour le Dimanche suivant ; s'il faisait défaut, il sera condamné à une amende qui ne pourra excéder le double de la somme qu'il aura à verser. S'il persistait dans son refus, son nom serait affiché en Assemblée Générale comme manquant à la cause des Travailleurs et comme mauvais Citoyen, et en cas de chômage ou de maladie, privé de tous secours et de toute protection.

Art. 54.

S'il persistait dans son refus, le Conseil le fera poursuivre judiciairement et mettra opposition sur son salaire.

Art. 55.

Le Conseil devra, tous les Dimanches, se faire dresser un état des retardataires, avec les motifs, et devra prendre une décision sans désemparer. Le Secrétaire sera chargé d'exécuter les ordres du Conseil.

Art. 56.

Dans la suite, la Société se réserve le droit :
1° De fonder des Ecoles de Dessin ou Élémentaires ;
2° De la fondation de Fabriques, où l'Ouvrier s'exploiterait par lui-même ou en association avec le Fabricant.

§ VIII.

DES COMMISSAIRES DE FABRIQUE.

Préliminaires.

Les Commissaires ne doivent pas oublier que, sentinelles avancées pour garder les intérêts de leurs frères, leurs fonctions, quoique modestes, n'en sont pas moins de la plus haute importance, et qu'ils seraient bien coupables si par négligence ou camaraderie ils oubliaient leurs devoirs.

Art. 57.

Chaque Fabrique nomme son Commissaire.

Art. 58.

En cas d'absence ou de désunion, la Fabrique doit immédiatement pourvoir à son remplacement dans les vingt-quatre heures.

Art. 59.

Sous aucun prétexte une Fabrique ne peut être privée de la présence réelle de son Commissaire.

Art. 60.

Si la Fabrique négligeait ce devoir, le Président en nommera un d'office.

Art. 61.

Le Commissaire, immédiatement après son élection, devra faire dresser un procès-verbal signé du Patron et des Ouvriers, qu'il fera parvenir à l'Administration.

Art. 62.

Le Président devra, dans les vingt-quatre heures, lui donner un récépissé de sa nomination.

Art. 63.

Toute élection, viciée par la corruption ou l'intrigue, serait provisoirement suspendue par le Conseil, et le coupable cité devant l'Assemblée qui pourra l'exclure de la Société pendant nn mois.

Art. 64.

Le Commissaire est chargé spécialement du maintien des tarifs; il éclaire les Délégués pour la fixation de la mise à prix des ouvrages.

Art. 65.

Si un Travailleur enfreignait le règlement, il devrait immédiatement écrire à l'Administration.

Art. 66.

Si un Commissaire était convaincu d'avoir toléré qu'un Ouvrier travaillât plus bas que le Tarif ou dépassât les heures, soit par camaraderie ou faiblesse, il serait passible de vingt-cinq francs d'amende au minimum; et au maximum d'une expulsion de trois mois, et déclaré incapable d'exercer aucune fonction dans la Société pendant cinq années.

§ IX.

DES TRAVAILLEURS.

Droits des Fabricants et des Travailleurs.

Principes.

La Société déclare les paresseux mauvais Citoyens et indignes du nom de Camarades.

La Société considère le travail de l'homme comme le plus beau résultat de son intelligence; elle ne veut, elle ne demande que du *travail*.

Aussi regarde-t-elle comme sacré le droit de fixer, d'accord avec les Fabricants, les tarifs.

Art. 67.

Le travail est :

1° A l'heure.

2° Aux pièces.

La journée est de dix heures de travail (1).

Art. 68.

Si un Ouvrier ou un Fabricant, dans un cas d'urgence, avait besoin de dépasser les dix heures, il faudrait que le Commissaire de la Fabrique se pourvût d'une autorisation signée du Président et de deux Membres du Conseil. Cette permission ne pourrait dépasser huit jours.

---

(1) Décret du Gouvernement provisoire sur les heures :

Considérant :

1° Qu'un travail manuel trop prolongé, non-seulement ruine la santé du Travailleur, mais encore, en l'empêchant de cultiver son intelligence, porte atteinte à la dignité de l'homme ;

2° Que l'exploitation des Ouvriers par les Sous-Entrepreneurs ouvriers, dit *Marchandeurs* ou *Tâcherons*, est essentiellement injuste, vexatoire, et contraire aux principes de la fraternité,

Le Gouvernement provisoire de la République décrète :

1° La journée de travail est diminuée d'une heure. En conséquence, à Paris, où elle était de onze heures, elle est réduite à dix, et en province, où elle avait été jusqu'ici de douze heures, elle est réduite à onze.

2° L'exploitation des Ouvriers par des Sous-Entrepreneurs ou marchandage est abolie.

Il est bien entendu que les associations d'Ouvriers qui n'ont point pour objet l'exploitation des Ouvriers les uns par les autres, ne sont pas considérées comme marchandage.

DUPONT (de l'Eure), ARAGO, ALBERT (ouvrier), CRÉMIEUX, FLOCON, GARNIER-PAGÈS, LAMARTINE, MARRAST, Louis BLANC, MARIE.

Le Secrétaire-général du Gouvernement provisoire,
PAGNERRE.

S'il avait besoin d'une prorogation , le Conseil seul, à la majorité des deux tiers, pourrait la proroger pour un mois.

Art. 69.

Cette permission ne pourra être accordée que sur la demande du Fabricant , qui prouvera qu'il ne peut employer un plus grand nombre d'ouvriers.

Art. 70.

Les Travailleurs comprendront que c'est dans le but de multiplier leur nombre et d'en occuper le plus possible. Les Commissaires ne doivent demander ces autorisations que dans des cas d'urgence.

Art. 71.

Tout Ouvrier qui aura dépassé les heures ou travaillé à bas prix, sera condamné à une amende qui variera de cinq à vingt-cinq francs (1).

---

(1) Décret du Gouvernement provisoire sur la fixation des heures et des pénalités :

Considérant qu'il importe de donner une sanction au décret du 2 mars 1848, en ce qui concerne la fixation de la durée du travail effectif dans Paris,

Le Gouvernement provisoire décrète ·

Tout chef d'atelier qui exigera de ses Ouvriers plus de dix heures de travail effectif, sera puni d'une amende de 50 à 100 fr. pour la première fois ; de 100 à 200 fr. en cas de récidive ; et, s'il y a double récidive, d'un emprisonnement qui pourrait aller de un à six mois. Le produit des amendes sera destiné à secourir les Invalides du travail.

Fait en conseil du Gouvernement, le 4 avril.

Les Membres du Gouvernement provisoire.

Art. 72.

Cependant si un ouvrier, par un cas exceptionnel, avait besoin de dépasser l'heure, il devra s'adresser au Commissaire de la Fabrique, qui pourra, pour une journée, l'autoriser verbalement.

Art. 73.

Tarif de la Journée.

PROFESSIONS.	NOMBRE de Tireurs	Par heure.	Journée complète de 10 heures.	
Imprimeurs.	1	55 c.	5	50 c.
Fonceurs.	2	68	6	75
Satineurs.	»	25	2	50
Roulleteurs.	»	25	2	50

La Société regarde comme un devoir sacré la journée du Satineur, presque tous ces ouvriers sont des Invalides du travail ; ils ont coopéré à la fortune des Fabricants, et c'est une mesure prescrite par la reconnaissance et l'humanité de leur procurer du pain sur leur vieillesse.

Art. 74.

Le travail aux pièces sera fixé de la manière suivante :
Il sera débattu par la Commission, sur la base d'un Tarif uni-

forme pour toutes les Fabriques, afin d'éviter une concurrence déloyale qui avilit la partie, ruine le Fabricant, et réduit à la misère le travailleur.

ART. 75.

Ce Tarif sera fait en trois expéditions, qui seront donnnés : 1° Au Fabricant, 2° Affiché en Fabrique, 3° Déposé au Bureau des ouvriers.

ART. 76.

Chaque Tarif sera signé : 1o Du Fabricant, 2o De la Commission, 3o Du Commissaire de la Fabrique.

ART. 77.

Ce Tarif prendra pour base, les journées précédemment fixées.

ART. 78.

(*Annulé par la convention faite au Luxembourg*).

ART. 79.

Il est défendu, sous quelque prétexte que ce soit, au Travailleur, de débattre son prix ou de commencer une pièce non tarifée, sous peine de cinq francs d'amende ; et, en cas de récidive, d'une expulsion de trois mois.

ART. 80.

Le Commissaire de la Fabrique est chargé spécialement de surveiller strictement l'exécution de ces articles ; il est aussi du devoir de tout bon travailleur , de conserver le prix de son ouvrage.

Art. 81.

Toutes les fois qu'un article nouveau sera mis sous presse, le Commissaire de la Fabrique préviendra la Commission, qui devra s'y transporter dans les vingt-quatre heures, sous peine de tous dommages, et sous leur responsabilité personnelle.

Art. 82.

Modifié par la Commission des Travailleurs du Luxembourg, ainsi qu'il suit :

Entre les Délégués des Ouvriers et des Patrons de l'industrie des Papiers Peints , réunis au Luxembourg, le 31 Mars 1848, sous la présidence du Secrétaire-Général de la Commission du Gouvernement pour les Travailleurs;

A été amiablement convenu à la satisfaction de toutes les parties :

Il sera nommé une Commission, chargée de préparer les bases d'une conciliation à opérer entre les Ouvriers et les Patrons.

Cette Commission sera composée de six Délégués des Patrons, et de six Délégués des Ouvriers. Cette Commission choisira, en dehors de son sein, un Président qui aura droit de vote, pour départager les avis et amener une décision.

Si la Commission des Patrons et des Ouvriers ne peut s'entendre sur le choix du Président , ce Président sera désigné par la Commission du Luxembourg , ainsi que les Délégués présents l'ont demandé.

La Commission de douze Membres, d'ont il vient d'être parlé, préparera les bases d'un Tarif pour le prix des

Façons et des Salaires , et aura à proposer toutes les mesures qu'elle jugera avantageuses , dans l'intérêt des Patrons et des Ouvriers.

Sa mission spéciale , sera d'amener la conciliation amiable de tous les intérêts différents , et de mettre fin à tous les dissensions qui existent aujourd'hui entre les Patrons et les Ouvriers.

Fait à Paris, le 21 Mars 1848.

Signé : MARGERIDON, J. VOCHELET fils, GILLOU fils, AUBRUN fils, THOMAS, HUGUET.

Art. 83.

Tout Fabricant qui rejette les décisions de la Commission des Tarifs, **est** mis en interdit.

Art. 84.

Tout Ouvrier qui travaille dans un Atelier en interdit, est **expulsé** de droit pendant **une année.**

Art. 85.

Avant de mettre un Atelier en interdit, il sera écrit au Fabricant, qui pourra donner des explications et faire insérer de droit, et sans frais judiciaires, ses réclamations aux registres des délibérations, ou, s'il le préfère, il pourra s'expliquer par lettre, représentant, ou en personne.

Art. 86.

L'interdit sera prononcé en provisoire par le Conseil, au moins à deux tiers de voix, et confirmé en Assemblée Générale à la même majorité.

Art. 87.

L'interdit ne deviendra définitif, que quand l'Assemblée Générale aura prononcé.

Art. 88.

L'Assemblée Générale a le droit de lever un interdit prononcé par le Conseil.

Art. 89.

Tout Ouvrier qui quitte sa Fabrique, est obligé de se faire inscrire au Bureau dans les vingt-quatre heures, sous peine de se voir privé de secours.

Art. 90.

Tout Ouvrier qui est placé dans une Fabrique, est obligé de prévenir le Bureau dans les vingt-quatre heures, sous peine de cinq francs d'amende.

Art. 91.

Sous peine de cinq francs d'amende, il est expressément défendu d'aller demander de l'ouvrage aux Fabricants.

Art. 92.

Il sera ouvert au Bureau un Registre, contenant le nom des ouvriers sans ouvrage, par rang d'ancienneté ; autant que possible, on considérera ce rang pour le placement.

Art. 93.

On ne peut imposer au Fabricant un Ouvrier, à l'Ouvrier un Fabricant.

Art. 94.

Tout Ouvrier qui refuse de l'ouvrage perd ses droits aux secours.

Art. 95.

Tout Fabricant qui emploie pour la partie un Ouvrier expulsé, est mis en interdit pour un temps indéterminé. Toutefois on observera les formes précédemment prescrites.

Art. 96.

Il est bien entendu que si le Fabricant voulait augmenter la journée ou les tarifs, liberté entière lui est accordée; mais les Travailleurs sont prévenus que la Société ne soutient que ses Tarifs.

§ X.

DE L'EXPULSION.

Préliminaires.

La Société ne doit recourir à ce moyen qu'à la dernière extrémité; elle ne doit pas oublier que la *Fraternité* est son premier principe. Elle ne doit employer cette rigueur que quand elle jugera son existence attaquée, ou pour se délivrer d'hommes qui apportent le trouble et le désordre, et qui, sous prétexte de l'intérêt général, ne servent qu'eux-mêmes ou leurs passions.

Considérant ce principe :

Art. 98.

Toute expulsion doit être proposée par le Président, et adoptée à la majorité des deux tiers.

Art. 99.

L'expulsion est de un, deux mois, six mois et un an.

Art. 100.

Tout expulsé, perd droit à sa mise de fonds, aux secours, et la profession lui est interdite.

Art. 101.

A sa rentrée, il devra verser la somme cotisée en son absence.

§ XI.

DISPOSITIONS GÉNÉRALES.

Art. 102.

Tout Démissionnaire, perd ses droits et sa mise de fonds, en cas de départ ou de tour de France. Le Sociétaire, en envoyant sa cotisation, conserve ses droits.

Art. 103.

A la première Assemblée, il sera nommé un Médecin.

Art. 104.

Le présent Acte sera imprimé, envoyé aux Fabricants, affiché dans les Ateliers, et chaque Sociétaire en recevra un exemplaire en forme de livret, où seront inscrites ses cotisations.

Art. 105.

Pour ajouter ou retrancher un article, il faudra une Assemblée Générale, composée au moins de cinq cents Membres, et une majorité des deux tiers.

Art. 106.

La copie du présent Acte sera envoyée aux Ouvriers des départements, pour les engager à adhérer au présent Acte Social.

Art. 107.

L'original de l'Acte d'Association, sera enfermé dans la Caisse, sous la responsabilité des Caissiers.

Art. 108.

Tout Fabricant ou Ouvrier, déclarent avoir lu ce présent Acte; et, en le signant, adhérer à toutes les clauses, sans nulle restriction.

Les Délégués vers le Gouvernement,

Le Président,

Signé **Jean THOMAS,**

Edme HUGUET, Nicolas AUBRUN.

Pour la signature des Fabricants et de neuf cent soixante-quinze signatures d'Ouvriers en Papiers peints,

Le Président de la Société,
Signé **CHARPIOT aîné.**

Les Délégués vers le Gouvernement,
Signé **HUGUET, THOMAS, AUBRUN.**

Le Conseil de Surveillance,
Signé JOSEPH PÉRARD, LOUIS DESSENNE, GONET, FÉLIX RAGOT, FRANÇOIS PRIEUR, FRANÇOIS LACROIX, FRANÇOIS LAPORTE, PIERRE DUDOUIT.

COTISATIONS.

COTISATIONS.

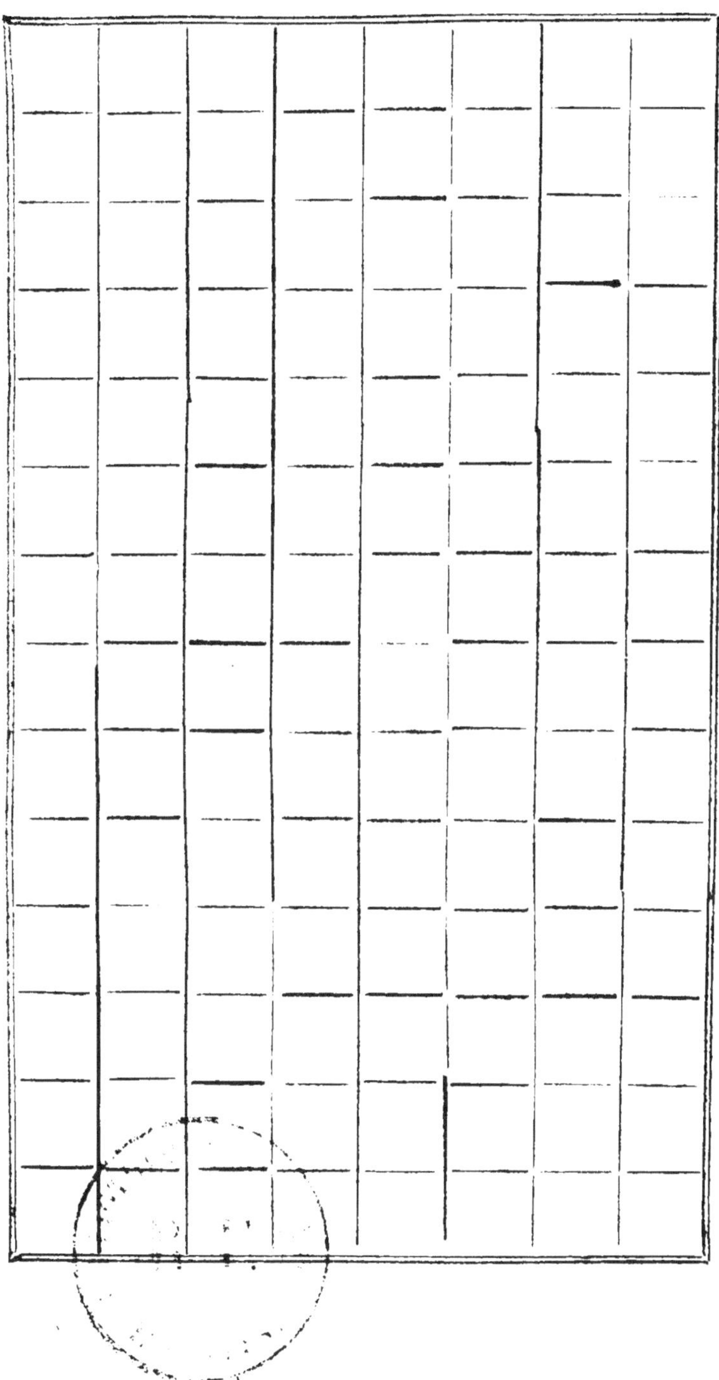